W0405427

Vegan backen zu Weihnachten

Plätzchen, Torten & Konfekt für die schönste Zeit des Jahres

Aléna Ènn und www.wunder-kueche.de

1. Auflage, Oktober 2017

Inhaltsverzeichnis

Dieses Buch wurde erst nach Ihrer Bestellung persönlich für Sie gedruckt. Um es Ihnen trotzdem zu einem attraktiven Preis anbieten zu können, haben wir uns dazu entschieden, auf Bilder und farbige Drucke zu verzichten.

Vegan backen zur Weihnachtszeit

Die Vorweihnachtszeit… das ist, wenn es draußen kalt und drinnen gemütlich wird. Wenn Weihnachtsmärkte und Feste uns mit Freunden und der Familie zusammenkommen lassen. Und das ist der Duft von frisch gebackenen Plätzchen, der uns verführerisch aus der Küche entgegenweht. Denn das Plätzchenbacken gehört zum Advent einfach dazu!

Fühlen Sie sich auch beim weihnachtlichen Kuchen- und Plätzchenbacken in Ihre Kindheit zurückversetzt? Lassen die Aromen von Zimt, Orange und Vanille auch bei Ihnen Erinnerungen wach werden? Und genießen Sie es auch so sehr, Ihre Lieben mit frischgebackenen Köstlichkeiten zu verwöhnen? Dann muss ich Ihnen ja nicht länger von der schönen Vorweihnachtszeit vorschwärmen.

Aber vielleicht fragen Sie sich: Vegane Backrezepte – funktioniert das? Und schmeckt das überhaupt? Ich kann Ihnen versichern: Ja, es funktioniert. Zum Glück gibt es sehr gute pflanzliche Alternativen zu Eiern, Butter, Milch und Sahne. Probieren Sie es aus. In diesem Buch finden Sie traditionelle Rezepte in veganer Abwandlung, vollwertige Rezepte und neue, kreative Ideen für Ihre Weihnachtsbackstube.

Langeweile kommt bestimmt nicht auf: Es warten 50 Rezepte für Plätzchen, Kuchen und Konfekt auf Sie. Alle Rezepte sind einfach und Schritt für Schritt erklärt. So gelingen sie selbst ungeübten Bäckern.

Übrigens: Am Ende dieses eBooks wartet noch ein kleines Extra auf Sie: 10 Rezepte aus dem Buch „Vegane Mug Cakes“ als Leseprobe - für blitzschnelle Tassenkuchen aus der Mikrowelle. Damit können Sie sich in der manchmal auch anstrengenden Vorweihnachtszeit eine kleine, süße Pause gönnen. Und wenn Sie mögen, schauen Sie doch mal auf unserer Webseite vorbei und sichern Sie sich gratis Rezepte, Leseproben, Tutorials & Co.: www.wunder-kueche.de

In diesem Sinne & mit weihnachtlichen Grüße

Ihre

Alena Enn

Hinweis zu den im Buch verwendeten Abkürzungen:

TL = Teelöffel

EL = Esslöffel

g = Gramm

ml = Milliliter

Plätzchen

Lassen Sie sich verzaubern. Vom Duft frisch gebackener Plätzchen. Vom Glücksmoment, wenn Sie das erste, noch warme Plätzchen probieren… Viel zu schnell sie die kleinen Leckerbissen weggenascht! Aber keine Sorge: In Windeseile zaubern Sie Nachschub!

Chai-Plätzchen

Teig:

4 Beutel Chai-Tee Classic (ohne Schwarztee, z.B. von Yogi Tee)

300g Vollkornmehl

200g Margarine, geschmolzen

100g Rohrzucker

1 EL Speisestärke

1 TL Backpulver

3 EL Wasser

1 Prise Salz

Zum Verzieren:
50g Rohrzucker

Und so geht's:

1. Chai-Tee aus dem Beutel holen, fein mörsern und durchsieben, um ein wirklich feines Pulver zu erhalten.

2. Alle Zutaten zu einem Mürbeteig kneten. Bei Bedarf etwas Wasser oder Mehl hinzugeben, bis der Teig nicht mehr klebt, sich aber gut kneten lässt. Ca. 30 Minuten kaltstellen.

3. Den Teig zu einer ca. 4 cm dicken Rolle formen. Diese im Rohrzucker wälzen und anschließend in ½ cm dicke Scheiben schneiden. Die Scheiben auf ein mit Backpapier belegtes Backblech legen und Backen.

Umluft: 160°C ca. 12 min.
Ober- und Unterhitze: 170°C ca. 12 min

Zimtsterne

Teig:

200g Puderzucker oder feinkörniger Rohrzucker
200g Marzipanrohmasse
350g Mandeln oder Haselnüsse, gemahlen
1 EL Zitronensaft
1 TL abgeriebene Schale einer unbehandelten Orange
2 EL Zimt
8 EL Wasser

Guss:

150g Puderzucker
2-3 EL heißes Wasser

Und so geht's:

1. Für den Teig alle Zutaten miteinander verkneten. In Folie gewickelt ca. 1 Stunde kalt stellen.

2. Den Teig portionsweise zwischen zwei Lagen Frischhaltefolie oder Backpapier gut ½ cm dick ausrollen.

3. Sterne ausstechen und diese ca. 3 Stunden bei Zimmertemperatur trocknen lassen. Anschließend auf ein mit Backpapier belegtes Backblech legen und backen.

Umluft: 220°C ca. 3 – 5 min.
Ober- und Unterhitze: 220°C ca. 4 – 6 min

4. In der Zwischenzeit aus Puderzucker und Wasser einen dicken Zuckerguss herstellen. Diesen auf die noch warmen Sterne pinseln. Gut trocknen lassen.

Marmorplätzchen

Teig:

300g Vollkornmehl
200g Margarine, geschmolzen
130g Rohrzucker
1 gestr. EL Vanillepuddingpulver
1 TL Backpulver
2 EL Kakaopulver
2 EL Wasser

Und so geht's:

1. Alle Zutaten mit Ausnahme des Kakaopulvers zu einem Mürbeteig kneten. Bei Bedarf etwas Wasser oder Mehl zu-geben, bis der Teig sich aber gut kneten lässt.

2. Den Teig halbieren. Eine Hälfte mit Kakaopulver verkneten. Sollte der Teig trocken sein, tropfenweise Wasser zugeben.

3. Beide Teighälften grob miteinander verkneten, so dass eine schöne Maserung entsteht. Den Teig in Folie wickeln und ca. 1 Stunde kaltstellen.

4. Den Teig portionsweise zu Rollen von ca. 4cm Durchmesser formen und mit einem scharfen Messer ca. 1cm dicke Scheiben abschneiden. Die Scheiben auf ein mit Backpapier belegtes Backblech legen und backen.

Umluft: 180°C ca. 12 min.
Ober- und Unterhitze: 190°C ca. 12 min

Gefüllte Nussplätzchen

Teig:

280g Vollkornmehl
20g Haferkleie
1 Päckchen Vanillepuddingpulver
100g Haferflocken, zart
150g Haselnüsse gemahlen, geröstet und abgekühlt
120g Rohrzucker
1 Messerspitze reines Stevia-Pulver
½ Päckchen Backpulver

200g Margarine
½ TL Zimt
1 Messerspitze Nelken, gemahlen
6 EL Wasser

Zum Bestreichen:

130g Sauerkirschen-Konfitüre

Zum Garnieren:

2 EL Puderzucker

Und so geht's:

1. Für den Teig zunächst alle trockenen Zutaten in einer Schüssel mischen, anschließend mit Margarine und Wasser zu einem Mürbeteig verkneten. Bei Bedarf etwas Wasser oder Mehl hinzugeben, bis der Teig nicht mehr klebt, sich aber gut kneten lässt. Den Teig für ca. 30 Minuten kaltstellen.

2. Den Teig portionsweise auf der bemehlten Arbeitsfläche ca. ½ cm dick ausrollen und mit Hilfe von Ausstechförmchen ausstechen. Backen.

Umluft: 170°C ca. 15 min.

Ober- und Unterhitze: 180°C ca. 15 min

3. Die Plätzchen abkühlen lassen. In der Zwischenzeit die Sauerkirschen-Konfitüre erwärmen und durch ein Sieb streichen. Die Hälfte aller Plätzchen mit der Konfitüre bestreichen und ein anderes Plätzchen daraufsetzen. Zum Garnieren mit Puderzucker bestäuben.

Tipp: Besonders hübsch werden die Plätzchen, wenn Sie Ausstechförmchen für Spitzbuben verwenden. Diese lassen die Konfitüre beim oberen Plätzchen durchscheinen.

Nussecken

Teig:

30ml heißes Wasser

2 EL Leinsamen, geschrotet

300g Vollkornmehl

120g Rohrzucker

130g Margarine

1 Päckchen Vanillinzucker

1 TL Backpulver

1 TL abgeriebene Schale einer unbehandelten Orange

Belag:

6 EL Aprikosenkonfitüre

190g Zucker

180g Margarine

2 Päckchen Vanillinzucker

4 EL Wasser

400g Mandeln, Haselnüsse oder eine Mischung aus beiden, grob gehackt

Zum Verzieren:

200g Zartbitterschokolade (vegan z.B. von Rewe Bio oder Sarotti)

Und so geht's:

1. Zunächst den Leinsamen mit dem Wasser übergießen und abkühlen lassen. Diese Mischung mit den restlichen Teigzutaten zu einem geschmeidigen Teig verkneten. Bei Bedarf etwas Wasser oder Mehl hinzugeben, bis der Teig nicht mehr klebt, sich aber gut kneten lässt. Den Teig für ca. 30 Minuten kaltstellen.

2. Den Teig zur Größe eines Backblechs ausrollen und auf ein mit Backpapier ausgelegtes Backblech legen. Mit einer Gabel mehrmals einstechen. Die Teigplatte mit der Aprikosenkonfitüre bestreichen.

3. Für den Belag Zucker, Margarine, Wasser und Vanillinzucker aufkochen und köcheln lassen, bis die Mischung eine hellbraune Farbe annimmt. Den Topf sofort vom Herd nehmen und die Mandeln bzw. Haselnüsse einrühren.

4. Die Mandel- bzw. Haselnussmasse auf den Teig geben und gleichmäßig verteilen. Backen.

Umluft: 175°C ca. 12 – 15 min.

Ober- und Unterhitze: 180°C ca. 12 – 15 min

Sofort nach dem Backen in Dreiecke schneiden. Die Schokolade im Wasserbad schmelzen und die Rückseiten der Nussecken nach dem Abkühlen damit bestreichen.

Macadamia-Rauten

Teig:

60ml heißes Wasser
4 EL Leinsamen

450g Vollkornmehl

50g Haferflocken, zart

125ml Öl

2 gestr. TL Johannisbrotkernmehl

200g Rohrzucker

150ml Wasser

1 Päckchen Vanillinzucker

½ Päckchen Backpulver

½ Fläschchen Backaroma Butter-Vanille

150g weiße Schokolade, grob gehackt (vegan, z.B. Schakalode)

100g Orangeat

200g gemahlene Mandeln

200g Macadamia-Nüsse

Zum Verzieren:

75g weiße Schokolade (vegan, z.B. Schakalode)

Und so geht's:

1. Den Leinsamen mit dem Wasser übergießen und abkühlen lassen.

2. Den Leinsamen-Mix mit allen übrigen Zutaten für den Teig zu einem zähen Rührteig verrühren, auf ein mit Backpapier ausgelegtes Backblech streichen und backen.

Umluft: 180°C ca. 25 min.

Ober- und Unterhitze: 190°C ca. 25 min

3 Zum Verzieren die Schokolade in einen Gefrierbeutel geben, gut verknoten und in eine Tasse mit heißem Wasser legen. Wenn die Schokolade geschmolzen ist, schneiden Sie eine kleine Ecke des Beutels ab und malen mit schnellen Bewegungen feine Streifen auf den Kuchen. Nach dem Trocknen der Schokolade den Kuchen in mundgerechte Rauten schneiden.

Tipp: Sie können die weiße Schokolade auch weglassen oder gegen eine dunklere Sorte ersetzen.

Bratapfeltaler

Teig:

250g Vollkornmehl

50g Haferkleie

1 Päckchen Vanillepuddingpulver

200g Margarine, geschmolzen

120g Rohrzucker

1 TL Backpulver

4 EL Wasser

Belag:

200g Äpfel

100g Marzipanrohmasse

abgeriebene Schale von ½ Bio-Orange

1 EL Zitronensaft

½ TL Zimt

3 EL Amaretto

Zum Bestreuen:

75g Mandelblättchen

Und so geht's:

1. Für den Teig zunächst alle trockenen Zutaten in einer Schüssel mischen, anschließend mit Wasser und Margarine zu einem glatten Teig verkneten. Den Teig für ca. 45 Minuten kaltstellen.

2. Den Teig zu einer Rolle von ca. 4cm Durchmesser formen und mit einem scharfen Messer ca. ½ cm dicke Scheiben abschneiden. Die Scheiben auf ein mit Backpapier belegtes Backblech legen.

3. Für den Belag Äpfel waschen, entkernen, in kleine Stückchen und mit Zitronensaft, Zimt und Amaretto mischen.

4. Die Marzipanrohmasse in sehr kleine Stücke schneiden. Die marinierten Äpfel, Marzipanrohmasse, Orangenschale und Vanillinzucker vermischen, auf den Teigtalern verteilen und mit den Mandelblättchen bestreuen. Backen.

Umluft: 170°C ca. 12 min.

Ober- und Unterhitze: 180°C ca. 12 min

Cantuccini

Teig:

30ml heißes Wasser

2 EL Leinsamen, geschrotet

250g Vollkornmehl

160g Rohrzucker

1 Päckchen Vanillinzucker

Abgeriebene Schale von ¼ Bio-Orange

½ Päckchen Backpulver

1 Prise Salz

½ Fläschchen Backaroma Bittermandel

1 Päckchen Vanillepuddingpulver

7 EL Wasser

30g Margarine, geschmolzen

175g Mandeln, ganz

Und so geht's:

1. Leinsamen mit heißem Wasser übergießen und abkühlen lassen.

2. Den Leinsamen-Mix und alle übrigen Zutaten für den Teig bis auf die Mandeln zu einem festen Knetteig verarbeiten. Bei Bedarf etwas Wasser oder Mehl hinzugeben, bis der Teig nicht mehr klebt, sich aber gut kneten lässt. Die Mandeln zum Schluss unterkneten und den Teig mindestens 30 Minuten kalt stellen.

3. Den Teig portionsweise zu kleinen Laiben formen und auf ein mit Backpapier belegtes Backblech legen. Backen.

Umluft: 190°C ca. 15 min.
Ober- und Unterhitze: 200°C ca. 15 min

4. Die Laibe aus dem Ofen nehmen und abkühlen lassen, dann diagonal in gut 1cm dicke Scheiben schneiden. Mit der Schnittfläche auf dem Backblech auslegen und erneut backen bis sie eine goldbraune Farbe angenommen haben.

Umluft: 200°C ca. 10 min.
Ober- und Unterhitze: 210°C ca. 10 min

Zuckerstangen

Teig:

300g Vollkornmehl
200g Margarine, geschmolzen
120g Rohrzucker
1 EL Speisestärke
1 Päckchen Vanillinzucker
1 TL Backpulver
2 EL Wasser
Einige Tropfen Speisefarbe Rot (vegan, z.B. „flüssige Speisefarbe" von Städter)

Und so geht's:

1. Alle Zutaten bis auf die Speisefarbe zu einem Mürbeteig kneten. Bei Bedarf etwas Wasser oder Mehl hinzugeben, bis der Teig nicht mehr klebt, sich aber gut kneten lässt.

2. Den Teig halbieren. Eine Hälfte mit der Speisefarbe kräftig rot einfärben. Beide Teigteile ca. 30 Minuten kaltstellen.

3. Die beiden Teighälften einzeln zu knapp bleistiftdicken Rollen formen und schließlich beide miteinander verzwirbeln, so dass ein Spiralmuster entsteht. Aus dem entstandenen Teigkordel ca. 15 cm lange Stücke schneiden und ein Ende umbiegen, so dass der typische Zuckerstangen-Look entsteht. Auf ein mit Backpapier belegtes Backblech legen und backen. Dabei ein weiteres Backblech über die Plätzchen in den Ofen schieben, damit sie möglichst wenig bräunen.

Umluft: 160°C ca. 15 min.
Ober- und Unterhitze: 170°C ca. 15 min

Vanillekipferl

Teig:
200g Mehl
100g gemahlene Mandeln
200g Margarine, geschmolzen
Mark einer Vanilleschote
160g Zucker
1 Päckchen Vanillepuddingpulver
1 Päckchen Vanillinzucker
1 TL Backpulver
2 EL Wasser

Zum Bestäuben:
1 Päckchen Vanillinzucker
2 EL Puderzucker

Und so geht's:

1. Für den Teig alle trockenen Zutaten mischen, anschließend mit Margarine und Wasser zu einem glatten Teig verkneten. Bei Bedarf etwas Wasser oder Mehl hinzugeben, bis der Teig nicht mehr klebt, sich aber gut kneten lässt. Den Teig für ca. 30 Minuten kaltstellen.

2. Den Teig portionsweise zu fingerdicken Rollen formen, diese in ca. 6cm lange Stücke schneiden. Die Stücke zu Hörnchen gebogen auf ein mit Backpapier ausgelegtes Backblech legen und leicht flachdrücken. Backen.

Umluft: 180°C ca. 12 min.
Ober- und Unterhitze: 190°C ca. 12 min
Noch warm mit der Mischung aus Puderzucker und Vanillinzucker bestäuben.

Granatsplitter

Teig:

300g Vollkornmehl

200g Margarine, geschmolzen

100g Rohrzucker

1 Päckchen Vanillinzucker

1 TL Backpulver

2 EL Wasser

Belag:

350g Plätzchen und Kuchen(-reste)

1 TL Kakaopulver

50ml Mandelmilch oder Milchersatz nach Belieben

2 EL Margarine, geschmolzen

2 EL Weinbrand

75g dunkle Fettglasur

Und so geht's:

1. Für den Boden alle Zutaten zu einem Mürbeteig kneten. Bei Bedarf etwas Wasser oder Mehl hinzugeben, bis der Teig nicht mehr klebt, sich aber gut kneten lässt. 30 Minuten kaltstellen.

2. Den Teig zu einer Rolle von ca. 5cm Durchmesser formen und mit einem scharfen Messer ca. ½ cm dicke Scheiben abschneiden. Die Scheiben auf ein mit Backpapier belegtes Backblech legen und backen. Danach abkühlen lassen.

Umluft: 180°C ca. 12 min
Ober- und Unterhitze: 190°C ca. 12 min

3. Für den Belag die Plätzchen im Mixer zerkleinern. Die feinen Krümel mit der Mandelmilch, der geschmolzenen Margarine und dem Kakaopulver mischen und mit dem Weinbrand abschmecken. Es sollte eine feste Masse entstehen.

4. Die Plätzchenmasse hoch kuppelförmig auf die frischgebackenen Taler setzen und kaltstellen. Die Fettglasur im Wasserbad erwärmen und die Granatsplitter damit überziehen.

Dreispitze

Teig:

300g Mehl
200g Margarine, geschmolzen
130g Rohrzucker
1 Päckchen Vanillinzucker
1 TL Backpulver
2 EL Wasser
Abgeriebene Schale von ½ Bio-Zitrone

Belag:

100g Marzipanrohmasse
2 EL Amaretto
1 Prise Zimt
2 EL Agavendicksaft
100g Haselnüsse, gemahlen
100g Haselnüsse, ganz

Und so geht's:

1. Für den Teig alle Zutaten zu einem glatten Teig verkneten. 30 Minuten kaltstellen.

2. Für den Belag Marzipanrohmasse, Amaretto, Zimt, Agavendicksaft und die gemahlenen Haselnüsse mischen.

3. Den Teig zu einer Rolle mit ca. 4cm Durchmesser formen und gut ½ cm dicke Scheiben abschneiden. Die Scheiben auf ein mit Backpapier belegtes Blech legen und etwas flach drücken.

4. Auf jeden Teigtaler 1 TL des Belags geben, die Taler an drei Ecken hochklappen und zusammendrücken, so dass Dreispitze entstehen. Auf jeden nun noch eine Haselnuss setzen und vorsichtig etwas andrücken. Backen.

Umluft: 160°C ca. 15 min
Ober- und Unterhitze: 170°C ca. 15 min

Schwedische Haferplätzchen

Teig:

100g Margarine

125g Haferflocken, kernig

100g Mehl

120g Rohrzucker

1 Päckchen Vanillinzucker

½ TL Backpulver

50 g Mandeln, gehackt

Und so geht's:

1. Für den Teig die Margarine zerlassen, die Haferflocken einrühren. Etwas abkühlen lassen.

2. Die Haferflockenmasse mit den restlichen Zutaten mischen und zu einem weichen Teig verkneten. Diesen mit Hilfe von zwei Teelöffeln in kleinen Portionen auf ein mit Backpapier belegtes Blech geben, etwas flach drücken und backen.

Umluft: 160°C ca. 20 min
Ober- und Unterhitze: 170°C ca. 20 min

Chewy Peanut Cookies

<u>Teig:</u>

80ml Öl

5 EL Agavendicksaft

70g brauner Zucker
1 großer EL Apfelmus

1 Päckchen Vanillinzucker
2 große EL Erdnussbutter

125g Vollkornmehl

1 TL Backpulver

100g Erdnüsse, geröstet, gesalzen und grob gehackt
100g weiße Schokolade, grob gehackt (vegan, z.B. Schakalode)

<u>Und so geht's:</u>

Alle Zutaten mit den Quirlen des Handrührers zu einem Teig mischen. Den Teig mit Hilfe zweier Teelöffel als kleine Berge auf ein mit Backpapier belegtes Backblech setzen. Dabei viel Abstand lassen, da die Teigberge zu Plätzchen verlaufen. Backen.

Umluft: 160°C ca. 10 min

Ober- und Unterhitze: 170°C ca. 10 min

Kürbiskern-Monde

Teig:

250g Mehl

50g Kürbiskerne

75g Margarine, geschmolzen

125ml Kürbiskernöl

120g Zucker

1 Päckchen Vanillepuddingpulver

1 Päckchen Vanillinzucker

1 TL Backpulver

4 EL Wasser

Zum Verzieren:

75g Zartbitterschokolade (vegan z.B. von Rewe Bio oder Sarotti)

Und so geht's:

1. Zunächst die Kürbiskerne in einer Pfanne ohne Öl anrösten und abkühlen lassen. Anschließend im Mixer zusammen mit dem Zucker fein hacken.

2. Nun alle Zutaten für den Teig zu einem Mürbeteig verkneten. Bei Bedarf etwas Wasser oder Mehl hinzugeben, bis der Teig nicht mehr klebt, sich aber gut kneten lässt. Die Menge von Mehl oder

Wasser ist vor allem davon abhängig, wie dünnflüssig das Kürbiskernöl ist. Den Teig 30 Minuten kalt stellen.

3. Den Teig auf der leicht bemehlten Arbeitsplatte ca. ½ cm dick ausrollen und Monde ausstechen. Auf ein mit Backpapier belegtes Backblech legen und backen.

Umluft: 160°C ca. 12 – 15 min.
Ober- und Unterhitze: 170°C ca.12 – 15 min

Die Zartbitterschokolade in eine kleine Plastiktüte geben, diese verknoten und in eine Tasse mit warmem Wasser legen, so dass die Schokolade schmilzt. Eine kleine Ecke vom Beutel abschneiden und die Monde nach dem Backen mit Hilfe dieses Spritzbeutels verzieren.

Husarenplätzchen

Teig:

30ml heißes Wasser

2 EL Leinsamen, geschrotet

300g Dinkelvollkornmehl

120g Rohrzucker

130g Margarine

1 Päckchen Vanillinzucker

1 TL Backpulver

1 TL abgeriebene Schale einer unbehandelten Orange

150g Haselnüsse, gehackt

Zum Verzieren:

Etwas Wasser

150g Haselnüsse, gehackt oder gehobelt

100g Himbeer- oder Johannisbeerkonfitüre

Und so geht's:

1. Zunächst den Leinsamen mit dem Wasser übergießen und abkühlen lassen. Diese Mischung mit den restlichen Teigzutaten zu einem geschmeidigen Teig verkneten. Bei Bedarf etwas Wasser oder Mehl hinzugeben, bis der Teig nicht mehr klebt, sich aber gut kneten lässt. Den Teig für ca. 30 Minuten kaltstellen.

2. Den Teig zu einer gut 1 cm dicken Rolle formen, davon 1cm lange Stücke abschneiden und diese leicht rund rollen.

3. Die Haselnüsse zum Verzieren in eine kleine Schüssel geben. Die Teigkugeln zunächst mit etwas Wasser benetzen, dann in den Haselnüssen wälzen und auf ein mit Backpapier ausgelegtes Backblech setzen. Mit einem Kochlöffelstiel Vertiefungen in jede Kugel drücken, jeweils einen Klecks Konfitüre hineingeben und backen.

Umluft: 200°C ca. 6 – 8 min.
Ober- und Unterhitze: 220°C ca. 6 – 8 min

Orangentaler

Teig:
200g Mehl
100g gemahlene Mandeln
150g Rohrzucker
1 Päckchen Vanillepuddingpulver
1 TL Backpulver
½ unbehandelte Orange, abgeriebene Schale davon
75g Zartbitterschokolade, gehackt (vegan z.B. von Rewe Bio oder Sarotti)
200g Margarine, geschmolzen
2 EL Orangensaft

Zum Verzieren:
75g Rohrzucker

Und so geht's:

1. Für den Teig zunächst alle trockenen Zutaten in einer Schüssel mischen, anschließend mit Margarine und Orangensaft zu einem glatten Teig verkneten. Bei Bedarf etwas Wasser oder Mehl hinzugeben, bis der Teig nicht mehr klebt, sich aber gut kneten lässt. Den Teig für ca. 30 Minuten kaltstellen.

2. Den Teig zu einer etwa 4cm dicken Rolle formen, diese in Rohrzucker wälzen. In etwa ½ cm dicke Scheiben schneiden, auf ein mit Backpapier ausgelegtes Backblech legen und backen.

Umluft: 180°C ca. 10 min.
Ober- und Unterhitze: 190°C ca. 10 min

Bethmännchen

Teig:

80g Puderzucker

200g Marzipanrohmasse

80g Mandeln, gemahlen

2 EL Öl

½ TL Johannisbrotkernmehl

2 EL Wasser

1 EL Orangenlikör

Zum Verzieren:

50g abgezogene Mandeln, halbiert

Etwas Wasser

Und so geht's:

1. Für den Teig alle Zutaten verkneten, zu murmelgroßen Kugeln formen und auf ein mit Backpapier belegtes Backblech setzen.

2. Jede Kugel dünn mit Wasser bestreichen und je 3 Mandelhälften leicht eindrücken. Backen.

Umluft: 170°C ca. 15 min

Ober- und Unterhitze: 180°C ca. 15 min

Edle Nussplätzchen

Teig:

30ml heißes Wasser

2 EL Leinsamen, geschrotet

300g Mehl

120g Rohrzucker

130g Margarine

2 Päckchen Vanillinzucker

1 TL Backpulver

Belag:

340g Orangenmarmelade

100g Walnüsse

100g Cashewkerne

50g Pinienkerne

100g Macadamianüsse

50g Pistazien

200g Zucker

100ml Sojasahne

200g Margarine

Zum Verzieren:

100g Zartbitterschokolade mit Orange (vegan z.B. von Alnatura oder Rewe Bio)

Und so geht's:

1. Zunächst den Leinsamen mit Wasser übergießen und abkühlen lassen. Diese Mischung mit den restlichen Teigzutaten verkneten. Bei Bedarf etwas Wasser oder Mehl hinzugeben, bis der Teig nicht mehr klebt, sich aber gut kneten lässt. Den Teig für ca. 30 Minuten kaltstellen.

2. Den Teig zur Größe eines Backblechs ausrollen und auf ein mit Backpapier ausgelegtes Backblech legen. Mit einer Gabel mehrmals einstechen. Backen

Umluft: 160°C ca. 15 – 17 min.
Ober- und Unterhitze: 170°C ca. 15 – 17 min.

3. Orangenmarmelade erwärmen, auf die Teigplatte streichen.

4. Für den Belag sämtliche Nüsse hacken und ohne Fett anrösten.

5. Den Zucker in einem großen Topf erhitzen und karamellisieren lassen. Sobald er eine goldbraune Farbe erreicht hat, mit Sojasahne ablöschen. Margarine und Nüsse zugeben. Rühren bis eine homogene Masse entstanden ist.

6. Die Masse auf die Teigplatte geben und verteilen. Glattstreichen (hier ist Eile geboten – die Nussmasse wird schnell wieder hart), und nochmals backen.

Umluft: 160°C ca. 10 min.
Ober- und Unterhitze: 170°C ca. 10 min.

7. Noch warm in mundgerechte Stücke schneiden und abkühlen lassen.

8. Die Schokolade in eine kleine Plastiktüte geben, verknoten und in eine Tasse mit warmem Wasser legen. Sobald die Schokolade geschmolzen ist, von der Tüte eine kleine Ecke abschneiden und mit diesem Spritzbeutel filigrane Linien auf die Nussplätzchen malen.

Winterliche Müsliriegel

Teig:

75g Walnüsse, grob gehackt
75g Sesam
90g Kokosraspel
40g Mandeln, gemahlen
125g Mandeln, grob gehackt oder ganz (nach Geschmack)
125g Kürbiskerne oder Sonnenblumenkerne
200g getrocknete Aprikosen, gehackt
6 EL Agavendicksaft
4 EL Rohrzucker
1 EL Öl
1 TL Zimt
400ml Kokosmilch
75g Vollkornmehl
2 TL Backpulver

Und so geht's:

1. Für den Teig zunächst alle Zutaten in einer Schüssel mischen, mit den Knethaken zu einem glatten Teig kneten.

2. Auf ein mit Backpapier belegtes Backblech streichen. Backen.

Umluft: 180°C ca. 1 5min.
Ober- und Unterhitze: 190°C ca. 25 min

Noch warm in Rechtecke schneiden.

Spekulatius

<u>Teig:</u>

40ml heißes Wasser

2 EL Leinsamen, geschrotet

180g Mehl

125g Margarine

3 EL Spekulatiusgewürz

130g brauner Zucker

4 Tropfen Backaroma Bittermandel

100g gemahlene Mandeln

<u>Zum Verzieren:</u>

Etwas Wasser

100g Mandelblättchen

<u>Und so geht's:</u>

1. Zunächst den Leinsamen mit dem Wasser übergießen und abkühlen lassen. Diese Mischung mit den restlichen Teigzutaten zu einem geschmeidigen Teig verkneten. Bei Bedarf etwas Wasser oder Mehl hinzugeben, bis der Teig nicht mehr klebt, sich aber gut kneten lässt. Den Teig in Folie wickeln und ca. 2 Stunden kaltstellen.

2. Den Teig auf einem mit Backpapier belegten Backblech ausrollen und mit Wasser bepinseln. Mit den Mandelblättchen bestreuen und diese gut andrücken.

3. Den Teig mit einem scharfen Messer in Rechtecke oder Rauten schneiden und backen.

Umluft: 180°C ca. 15 - 17 min.

Ober- und Unterhitze: 190°C ca. 15 - 17 min.

Elisenlebkuchen

Teig:

40ml heißes Wasser

2 EL Leinsamen, geschrotet

50g Orangeat, fein gehackt

200g Marzipanrohmasse, fein gehackt

190g Zucker

1 Prise Salz

100g Vollkornmehl

100g gemahlene Mandeln oder Haselnüsse

2 TL Lebkuchengewürz

¼ TL Hirschhornsalz

ca. 40 runde Backoblaten, Durchmesser ca. 5 cm

Zum Verzieren:

175g Zartbitterkuvertüre (vegan, z.B. von real)

Und so geht's:

1. Zunächst den Leinsamen mit dem Wasser übergießen und abkühlen lassen. Diese Mischung mit den restlichen Teigzutaten zu einem geschmeidigen, cremigen Teig verrühren und ca. 5 – 7 Minuten aufschlagen.

2. Mehrere Backbleche mit Backpapier auslegen und die Oblaten im Abstand von ca. 1 cm darauf verteilen (Tipp: Befeuchten Sie das Backpapier mit Wasser – dann verrutschen die Oblaten nicht).

3. Die Lebkuchenmasse in einen Spritzbeutel mit großer Lochtülle geben und je einen tupfenförmigen Klecks auf die Oblaten spritzen. Dabei einen kleinen Rand frei lassen, damit der Teig Platz zum Verlaufen hat. Backen.

Umluft: 160°C ca. 15 - 20 min.

Ober- und Unterhitze: 170°C ca. 15 - 20 min.

4. Abkühlen lassen. Die Kuvertüre im Wasserbad schmelzen und die Lebkuchen kopfüber hineintauchen, so dass der Oblatenboden nicht bedeckt wird. Leicht abtropfen lassen, umdrehen und auf einem Kuchengitter abkühlen lassen.

Kardamomplätzchen

Teig:

260 g Mehl

180g Margarine, geschmolzen

6 EL Orangenlimonade (Alternativ: Orangensaft)

80g brauner Zucker

½ TL Backpulver

1 gestr. TL Kardamom, gemahlen

Belag:

150 g Macadamianüsse, geröstet und gesalzen

Und so geht's:

1. Für den Teig alle Zutaten mit den Quirlen des Handrührgerätes verrühren.

2. Den Teig mit Hilfe eines Spritzbeutels tupfenförmig auf ein mit Backpapier ausgelegtes Backblech spritzen.

3. Die Macadamianüsse in ein Sieb geben und kurz mit Wasser abbrausen. Noch feucht je eine Nuss in die Mitte eines Tupfens setzen und backen

Umluft: 160°C ca. 12 – 14 min.
Ober- und Unterhitze: 180°C ca. 12 – 14 min

Königsberger Marzipansterne

Teig:

400g Marzipanrohmasse

200g Puderzucker

Und so geht's:

1. Das Marzipan erwärmen, z.B. für einige Sekunden in der Mikrowelle. Puderzucker dazu sieben und gut verkneten.

2. Die Marzipanmasse zwischen Backpapier oder Frischhaltefolie knapp 1 cm dick ausrollen. Sterne ausstechen und diese auf ein mit Backpapier belegtes Backblech legen. Auf der oberen Einschubleiste des Backofens backen, bis der gewünschte Bräunungsgrad erreicht ist.

Umluft: 220°C ca. 5 Minuten

Ober- und Unterhitze: 230°C ca. 5 Minuten

Lebkuchen-Plätzchen

Teig:

70g brauner Zucker

150g Zuckerrübensirup

125g Margarine

140g Gries

200g Vollkornmehl

30g Haferflocken, fein

13g Lebkuchengewürz

2 TL Backpulver

Und so geht's:

1. Margarine, Sirup und Zucker erhitzen, bis die Margarine geschmolzen ist. Anschließend alle übrigen Zutaten hinzufügen und mit den Knethaken des Handrührgerätes verkneten. Den Teig abgedeckt bei Zimmertemperatur eine Stunde ruhen lassen.

2. Den Teig zwischen 2 Lagen Klarsichtfolie oder Backpapier ca. ½ cm dick ausrollen. Plätzchen ausstechen, auf ein mit Backpapier belegtes Backblech legen und backen.

Umluft: 175°C ca. 12 – 15 min.
Ober- und Unterhitze: 185°C ca. 12 – 15 min.

Die Plätzchen brauchen ca. 2 Wochen, bis sie ihr volles Aroma entfaltet haben. Sie eignen sich auch gut zum Bemalen, z.B. mit Zuckerguss oder weißer Schokolade.

Konfekt

Pralinen und Konfekt sind die eleganten kleinen Schwestern der knusprigen Weihnachtsplätzchen. Sie sind blitzschnell zubereitet und gar nicht so kompliziert herzustellen, wie ihr filigranes Aussehen vermuten lässt.

Schneeweiße Weihnachtsmandeln

Zutaten:

300g Mandeln
75g Zucker
1 TL Vanillinzucker
1 Prise Zimt
2 EL Wasser
150g weiße Schokolade (vegan, z.B. Schakalode)
200g Puderzucker

Und so geht's:

1. Die Mandeln zusammen mit Zucker, Zimt, Vanillinzucker und Wasser in einem Topf erhitzen und karamellisieren lassen. Sofort auf ein mit Backpapier ausgelegtes Backblech geben und so verteilen, dass sich die Mandeln nicht berühren. Abkühlen lassen. Sollten einzelne Mandeln zusammenkleben, nach dem Abkühlen vorsichtig trennen.

2. Die Schokolade im Wasserbad schmelzen. Die Mandeln hineingeben und gut verrühren. Die Mandeln sollen gründlich überzogen sein.

3. Den Puderzucker in eine verschließbare Dose sieben, die Mandel-Schokoladen-Mischung hineingeben und mit etwas Puderzucker bedecken. Deckel auflegen und die Dose gut schütteln, bis alle Mandeln mit Puderzucker überzogen sind. Sollten einzelne Mandeln noch zusammenkleben, diese vorsichtig von Hand lösen und nochmals mit Puderzucker bestäuben. Vollständig trocknen lassen.

Nougat-Marzipan-Konfekt

Zutaten:

200g Marzipanrohmasse
150g Puderzucker
1 EL Rosenwasser (Alternativ: 1 EL Amaretto)
175g Nussnougatcreme (vegan, z.B. von Schneekoppe)
200g Zartbitterschokolade (vegan z.B. von Rewe Bio oder Sarotti)
50g Pistazienkerne, grob gehackt

Und so geht's:

1. Das Marzipan leicht erwärmen, z.B. für einige Sekunden in der Mikrowelle. Mit dem gesiebten Puderzucker und dem Rosenwasser verkneten.

2. Das Marzipan zwischen zwei Lagen Backpapier oder Frischhaltefolie gut ½ cm dick und zu einem Rechteck ausrollen.

3. Die Nussnougatcreme gleichmäßig auf das Marzipan streichen. Nun die Marzipanplatte von der langen Seite her aufrollen, so dass eine Rolle entsteht. Diese in Folie gewickelt mindestens 1,5 Stunden kaltstellen.

4. Die Zartbitterschokolade schmelzen. In der Zwischenzeit von der Marzipanrolle mit einem scharfen Messer mundgerechte Stücke abschneiden.

5. Die entstandenen Marzipan-Nougat-Stücke in die Schokolade tauchen. Mit Pistazien bestreuen und abkühlen lassen.

Klassische Rumkugeln

Zutaten:

100ml Sojasahne
300g Zartbitterschokolade (vegan z.B. von Rewe Bio oder Sarotti)
4 EL Rum
60g Mandeln, fein gemahlen
200g Vollmilchschokolade (vegan, z.B. Schakalode)

Und so geht's:

1. Von der Zartbitterschokolade 100g zu feinen Schokoladenstückchen reiben oder hacken. Zum Verzieren zur Seite stellen. Den Rest in Stücke brechen.

2. Die Sojasahne erwärmen und die Zartbitterschokoladen-Stücke darin auflösen. Rum und Mandeln hinzufügen und unterrühren. Im Kühlschrank mindestens 2 Stunden abkühlen lassen, dabei während der ersten 30 Minuten ab und zu umrühren, damit die Masse homogen bleibt.

3. Die Rum-Masse aus dem Kühlschrank nehmen, mit Hilfe von Teelöffeln kleine Stücke abstechen und mit den Händen zu etwa kirschgroßen Kugeln formen. Diese nochmals mindestens 1 Stunde im Kühlschrank abkühlen.

4. Die Vollmilchschokolade schmelzen und die Rumkugeln damit überziehen. Die fein geriebene oder gehackte Zartbitterschokolade in eine kleine Schüssel geben und die Rumkugeln darin wälzen.

Weiße Rumkugeln

Zutaten:

100g Sojasahne
400g Weiße Schokolade (vegan, z.B. Schakalode)
4 EL weißer Rum
40g Helle Plätzchen, fein zerbröseln (entweder Reste selbst gebackener Plätzchen oder z.B. Hafer-Dinkel-Kekse von Alnatura)
200g Vollmilchschokolade (vegan, z.B. Schakalode)
50g Zartbitterschokolade (vegan z.B. von Rewe Bio oder Sarotti)

Und so geht's:

1. Die Sojasahne erwärmen und 200g weiße Schokolade darin auflösen. Rum und Gebäckbrösel hinzufügen und unterrühren. Im Kühlschrank mindestens 2 Stunden abkühlen lassen, dabei während der ersten 30 Minuten ab und zu umrühren, damit die Masse homogen bleibt.

2. Die Rum-Masse aus dem Kühlschrank nehmen und mit Hilfe von Teelöffeln kleine Stücke abstechen und mit den Händen zu etwa kirschgroßen Kugeln formen. Diese nochmals mindestens 1 Stunde im Kühlschrank abkühlen.

3. Die restliche weiße Schokolade schmelzen und die Rumkugeln damit überziehen. Die Zartbitterschokolade in eine kleine Tüte füllen, gut verknoten in eine Tasse mit warmem Wasser legen und schmelzen lassen. Von der Tüte eine kleine Ecke abschneiden und durch schnelles Hin- und Herbewegen sehr feine Streifen auf die Pralinen malen.

Marzipan-Kartoffeln

Zutaten:

200g Marzipanrohmasse
200g Puderzucker
1 EL Rum
2 EL Kakaopulver

1 Messerspitze Zimt

Und so geht's:

1. Das Marzipan leicht erwärmen, z.B. für einige Sekunden in der Mikrowelle. Mit dem gesiebten Puderzucker und dem Rosenwasser verkneten.

2. Aus dem Marzipan etwa kirschgroße Kugeln formen.

3. Den Kakao und den Zimt dünn auf einen Teller sieben und die Marzipankugeln darin wälzen. Anschließend immer eine Hand voll der Kugeln in ein feines Sieb geben und kurz durchrütteln, um überschüssiges Kakaopulver abzuschütteln.

Knusprige Kokospralinen

Zutaten:

100ml Kokosmilch

400g Weiße Schokolade (vegan, z.B. Schakalode)
250g Kokosraspel

Und so geht's:

1. Die Kokosmilch aufkochen und 200g weiße Schokolade darin auflösen. Vom Herd nehmen und 50g Kokosraspel unterrühren. Mindestens 4 Stunden im Kühlschrank festwerden lassen.

2. Die Kokos-Masse aus dem Kühlschrank nehmen und mit Hilfe von Teelöffeln kleine Stücke abstechen und mit den Händen zu etwa kirschgroßen Kugeln formen. Diese nochmals mindestens 1 Stunde im Kühlschrank abkühlen.

3. Die restlichen 200g Kokosflocken auf einem Backblech ausbreiten und im Backofen bei 200°C kurz leicht bräunen lassen (ca. 5 Minuten). Abkühlen lassen.

4. Die restlichen 200g weiße Schokolade schmelzen und die Kugeln damit überziehen. In den gerösteten Kokosflocken wälzen und abkühlen lassen.

Nusskonfekt

Zutaten:

100g Schwartau Kuchenglasur Haselnuss

100g Zartbitterschokolade (vegan z.B. von Rewe Bio oder Sarotti)

100g Puderzucker

250g Haselnüsse, gehackt

100g weiche Margarine

Und so geht's:

1. Die Haselnüsse in einer Pfanne ohne Fett anrösten und abkühlen lassen.

2. Die Schokolade und die Kuchenglasur zusammen im Wasserbad schmelzen und etwas abkühlen lassen.

3. Die Margarine mit dem Puderzucker schaumig rühren und 100g Haselnüsse unterziehen. Die geschmolzene Schokolade ebenfalls unterrühren.

4. Aus der Masse etwa kirschgroße Kugeln formen (geht am besten mit kalten Händen, z.B. in Eiswasser getaucht). Die restlichen 150g Haselnüsse in eine kleine Schüssel geben und die Kugeln darin wälzen. Vor dem Servieren vollständig abkühlen lassen.

Pralinen aus 1001 Nacht

Zutaten:

150 ml Sojasahne
3 Teebeutel Chai-Tee
300g Zartbitterschokolade (vegan z.B. von Rewe Bio oder Sarotti)
45g Rosinen
8 EL sehr fein gehackte Pistazienkerne

Und so geht's:

1. Die Sojasahne aufkochen lassen und die Teebeutel darin 10 Minuten ziehen lassen. Teebeutel herausnehmen und ausdrücken.

2. Die Kuvertüre grob hacken, die Rosinen sehr fein hacken und in eine Schüssel geben. Mit der warmen Sahne übergießen, einige Minuten stehen lassen und schließlich gut durchrühren, bis die Schokolade aufgelöst und eine gleichmäßige Masse entstanden ist. Vollständig abkühlen lassen.

3. Die Masse noch einmal gut durchrühren, in einen Spritbeutel füllen (Lochtülle Nr. 10), Alternativ in eine Plastiktüte, der Sie eine Ecke abschneiden. Etwa murmelgroße Kugeln auf ein mit Backpapier belegtes Tablett oder Backblech spritzen. Die Kugeln mindestens 1,5 Stunden im Kühlschrank fest werden lassen.

4. Die gehackten Pistazien in eine kleine Schüssel geben und die Kugeln darin wälzen.

Walnuss-Fudge

Zutaten:

125g Zucker
2 EL Wasser
200ml Sojasahne
1 großer EL Margarine
1 Päckchen Vanillinzucker
100g Walnusskerne, grob gehackt
200g Vollmilchschokolade (vegan, z.B. Schakalode)

Und so geht's:

1. Den Zucker mit dem Wasser in einem großen Topf erhitzen und karamellisieren lassen. Den Topf vom Herd nehmen und die Sojasahne unterrühren.

2. Aufkochen und ca. 10 Minuten kochen lassen – die Masse sollte langsam dicklich werden.

3. Margarine, Vanillinzucker und Walnüsse hinzufügen und bei mittlerer Hitze kochen, bis die Blasen größer und zäher werden.

4. Die Masse auf ein mit Backpapier ausgelegtes Backblech streichen und abkühlen lassen. Mit einem scharfen Messer in mundgerechte Vierecke schneiden.

5. Die Schokolade im Wasserbad schmelzen und die Fudges damit überziehen.

Pistazienkugeln

Zutaten:

200g Marzipanrohmasse
100g Puderzucker
100g Pistazien, grob gehackt

3 EL Amaretto
200g Zartbitterschokolade (vegan z.B. von Rewe Bio oder Sarotti)
50g weiße Schokolade (z.B. Schakalode)

Und so geht's:

1. Von den Pistazien ca. 2 Esslöffel zum Verzieren zur Seite legen. Den Rest zusammen mit dem Puderzucker im Mixer fein zerkleinern.

2. Marzipan, Amaretto und die Pistazien-Puderzucker-Mischung gut verkneten. Zu etwa Kirschgroßen Kugeln formen und mindestens 30 Minuten kaltstellen.

3. Die Zartbitterschokolade im Wasserbad schmelzen und die Marzipankugeln damit überziehen.

4. Die weiße Schokolade in eine kleine Tüte füllen, gut verknoten in eine Tasse mit warmem Wasser legen und schmelzen lassen. Von der Tüte eine kleine Ecke abschneiden und sehr feine Streifen auf die Pralinen malen. Mit den übrigen Pistazien bestreuen.

Kuchen

Kuchen und Torten gehören zum Adventskaffee einfach dazu. Jetzt im Winter wärmen sie mit Zimt, Kardamom und Nelken unsere Sinne. Darf es ein Stückchen mehr sein?

Bratapfelstrudel mit Vanillesoße

Teig:

250g Mehl
2 EL Öl
80 - 100ml Wasser, lauwarm
1 gestr. TL Johannisbrotkernmehl
1 Prise Salz

Füllung:

1200g Äpfel (feste, säuerliche Äpfel)
5 EL Zitronensaft
3 EL Mandelstifte
1 TL Zimt
50g Marzipanrohmasse
2 EL Rum (alternativ: Orangensaft)

Vanillesoße:

600ml Sojamilch mit Vanillegeschmack
3 gestr. EL Speisestärke

Und so geht's:

1. Für den Teig alle Zutaten verkneten, dabei das Wasser nach und nach zugeben, so dass ein fester, elastischer Teig entsteht. Diesen in Folie wickeln und eine Stunde ruhen lassen.

2. In der Zwischenzeit die Äpfel schälen und entkernen. Ca. 400g davon vierteln und auf ein Backblech legen. Mit etwas Zitronensaft bepinseln, mit Mandeln und Marzipan bestreuen und auf der obersten Einschubleiste des Ofens backen.

Umluft: 200°C ca. 10 min.
Ober- und Unterhitze: 210°C ca. 10 min.

3. Die restlichen Äpfel in feine Scheiben schneiden, mit dem restlichen Zitronensaft und Zimt mischen und marinieren lassen.

4. In der Zwischenzeit den Teig rechteckig ausrollen: Zunächst ein sehr großes Küchentuch ausbreiten und gut mit Mehl bestäuben. Darauf den Teig so dünn ausrollen, dass das Muster des Tuches durchscheint wird.

5. Die Bratäpfel mitsamt Marzipan und Mandeln mit Hilfe einer Gabel leicht zerdrücken und mit den marinierten Äpfeln mischen. Diese Apfelmasse gleichmäßig auf dem Teig verteilen. Dabei jeweils 3cm Rand freilassen.

6. Die „kurzen" Seiten des Teig-Rechtecks bis zur Füllung einschlagen. Von der langen Seite her mit Hilfe des Küchentuchs aufrollen.

7. Nun den Strudel mit Hilfe des Küchentuchs aufs Blech legen, so dass die Nahtstelle unten liegt und backen.

Umluft: 170°C ca. 45 min.
Ober- und Unterhitze: 180°C ca. 45 min.

Am besten noch lauwarm mit Vanillesoße servieren:

Für die Vanillesoße von der Sojamilch einige Löffel abnehmen und mit der Speisestärke verrühren. Restliche Sojamilch aufkochen, das angerührte Pulver einrühren und nochmals kurz aufkochen lassen. Warm servieren.

Variationsmöglichkeiten: Der Strudelteig erfordert etwas Mühe. Möchten Sie sich die Arbeit ersparen, kaufen Sie im Supermarkt fertigen Strudelteig, den es in hervorragender Qualität und vegan im Kühlregal gibt.

Sie können selbstverständlich auch statt eines großen Strudels mehrere kleine Strudel backen. Der Bratapfelstrudel lässt sich prima einfrieren, so dass Sie auf Vorrat backen können.

Pudding-Kirschkuchen mit Zimtstreuseln

Teig:

120g Margarine

250g Weizenvollkorn- oder Dinkelvollkornmehl

1 TL Backpulver

120g Rohrzucker

50g gemahlene Haselnüsse, geröstet und abgekühlt

¼ TL Zimt

1 Messerspitze gemahlene Nelken

1 Messerspitze Kardamom (nach Belieben)

Puddingcreme:

500ml Sojamilch mit Vanillegeschmack

3 EL Amaretto

50g Marzipanrohmasse, fein gewürfelt

5 gestr. EL Speisestärke

300g Sauerkirschen (frisch, TK oder aus dem Glas)

<u>Und so geht's:</u>

1. Margarine, Mehl, Backpulver, Zucker, Haselnüsse und 1 Messerspitze Zimt zu einem festen Teig verkneten. Mit 2/3 des Teiges den Boden einer mit Backpapier ausgelegte Springform bedecken und einen ca. 3cm hohen Rand ziehen.

2. Puddingcreme zubereiten: Von der Sojamilch einige Löffel abnehmen und mit der Stärke verrühren. Restliche Sojamilch aufkochen, die angerührte Stärke einrühren und nochmals kurz aufkochen lassen. Marzipanrohmasse und Amaretto einrühren, vollständig abkühlen lassen.

3. Die Puddingcreme auf den Boden geben. Sauerkirschen darauf verteilen.

4. Den restlichen Teig mit dem übrigen Zimt, den Nelken und dem Kardamom (nach Belieben) verkneten. Zwischen den Händen zu Streuseln reiben und auf dem Teig verteilen. Backen.

Umluft: 170°C ca. 50 min.
Ober- und Unterhitze: 180°C ca. 50 min

Variationsmöglichkeiten: Falls Sie gleich ein ganzes Blech backen wollen, verdoppeln Sie die Menge einfach. Denken Sie aber daran, das tiefe Blech des Ofens zu verwenden, denn die Puddingmasse neigt zum Überlaufen.

Aprikosenkuchen mit gebrannten Erdnüssen

Teig:

150g Weizenvollkorn- oder Dinkelvollkornmehl

50g Haferkleieflocken

80g Zucker

1 Päckchen Vanillinzucker

100g Erdnussbutter

Belag:

1200g Aprikosen

120g Erdnüsse

50g Zucker

1 Päckchen Vanillinzucker

1 Prise Zimt

20ml Wasser

Und so geht's:

1. Für den Boden alle Zutaten verkneten, so dass ein geschmeidiger Knetteig entsteht. Bei Bedarf einige Tropfen Wasser oder einige EL Mehl hinzufügen. Den Teig für 30 Minuten kaltstellen.

2. Den Boden einer mit Backpapier ausgelegten Springform mit 2/3 des Teiges bedecken und einen ca. 2cm hohen Rand ziehen.

3. In der Zwischenzeit die Aprikosen putzen, halbieren und entsteinen. In Viertel schneiden und auf den Teig legen. Mit 2 TL des Zuckers bestreuen.

4. Den restlichen Teig ausrollen und zu Steifen schneiden. Diese kreuzweise über die Pfirsiche legen, so dass ein Gitter entsteht. Backen.

Umluft: 160°C ca. 40 min.
Ober- und Unterhitze: 170°C ca. 40 min

5. Die Erdnüsse zusammen mit dem restlichen Zucker, Vanillinzucker, Zimt und Wasser aufkochen lassen und solange kochen, bis der Zucker karamellisiert. Sobald der Zucker braun ist, die Erdnüsse sofort auf dem Kuchen verteilen. Vorsicht – sie sind sehr heiß!

Variationsmöglichkeiten: Wer es noch „erdnussiger" mag, der kann 1-2 EL Mehl durch gemahlene Erdnusskerne ersetzen. Der Kuchen gelingt auch mit säuerlichen Äpfeln oder Pfirsichen statt Aprikosen hervorragend.

Birnenkuchen mit Preiselbeeren

Teig:

150g Sojajoghurt

1 Päckchen Trockenhefe bzw. 1 Würfel frische Hefe

100g Margarine

400g Weizenvollkorn- oder Dinkelvollkornmehl
50g Haferflocken, zart

3 EL Agavendicksaft (alternativ Rohrzucker oder ein wenig Stevia)

1 Prise Salz

1 TL Lebkuchengewürz

Belag:

400g Birnen

3 EL Wasser

1 EL Agavendicksaft (alternativ Rohrzucker oder ein wenig Stevia)

200g Preiselbeeren aus dem Glas

100g Mandelblättchen

70g Margarine

2 EL Rohrzucker

Und so geht's:

1. Alle Zutaten für den Teig zu einem Hefeteig verkneten. Bei Bedarf etwas Wasser oder Mehl zugeben. Abgedeckt an einem warmen Ort ca. 45 Minuten gehen lassen. Anschließend ausrollen und auf ein mit Backpapier belegtes Backblech legen. Erneut gehen lassen.

2. Für den Belag die Birnen schälen und entkernen, in Würfel schneiden. Die Birnen zusammen mit dem Agavendicksaft und dem Wasser in einen Topf geben, 5 Minuten köcheln lassen.

3. Mit dem Finger Löcher in den Hefeteig drücken. Die Birnen mitsamt der entstandenen Soße hineingeben. Preiselbeeren ebenfalls klecksförmig darauf verteilen.

4. Die Margarine in Flöckchen auf den Kuchen setzen, Mandelblättchen und den Rohrzucker darüber streuen und backen.

Umluft: 190°C ca. 20 min
Ober- und Unterhitze: 200°C ca. 20 min

Kürbiskuchen

Teig:

450g Kürbis z.B. Hokkaido

375g Vollkornmehl

3 EL Speisestärke

2 gestr. TL Johannisbrotkernmehl

120ml Agavendicksaft

½ Päckchen Vanillinzucker

120 g Margarine

1 Päckchen Backpulver

1 Prise Salz

½ TL Zimt

100g Zartbitterschokolade, grob gehackt (vegan z.B. von Sarotti oder Rewe Bio)

Dekoration:

100g Zartbitter-Schokolade (vegan z.B. von Sarotti oder Rewe Bio)

50g weiße Schokolade, vegan (z.B. Schakalode)

Und so geht's:

1. 300g Kürbis weich kochen, 150g Kürbis fein reiben. Den gekochten Kürbis zerstampfen und abkühlen lassen.

2. Nun den Kürbis und alle übrigen Zutaten für den Kuchen mit den Schneebesen des Handrührgerätes verrühren und ca. 5 Minuten gut aufschlagen. Den Teig in eine mit Backpapier ausgelegte Springform geben und backen.

Umluft: 170°C ca. 45 min.
Ober- und Unterhitze: 180°C ca. 45 min
Bitte probieren Sie vor dem Herausnehmen, ob der Kuchen gar ist. Aufgrund des Wassergehalts des Kürbisses kann die Backzeit variieren.

3. Die Zartbitterschokolade im Wasserbad schmelzen, die weiße Schokolade in eine kleine Plastiktüte geben, diese verknoten und in eine Tasse mit warmem Wasser geben, so dass die Schokolade ebenfalls schmilzt.

4. Den Kuchen mit der dunklen Schokolade überziehen. Eine Ecke des Beutels mit der weißen Schokolade abschneiden und mit dem so entstandenen Spritzbeutel eine Spirale auf der noch feuchten dunklen Glasur malen. Ein Holzstäbchen quer über den Kuchen ziehen, so dass sich die beiden Schokoladensorten zu einem dekorativen Muster vermischen.

Variationsmöglichkeit: Der Kürbis-Teig eignet sich auch hervorragend für Muffins.

Zimtmuffins

Teig:

250ml Sojamilch mit Vanillegeschmack

400g Vollkornmehl

100g Haferflocken, zart

70g Margarine

40g Hefe oder 1 Päckchen Trockenhefe

1 Prise Salz

½ TL Kardamom, gemahlen

Füllung:

50g Margarine

4 EL Agavendicksaft

1,5 EL Zimt

Und so geht's:

1. Für den Teig alle Zutaten auf Zimmertemperatur erwärmen und mindestens 10 Minuten lang zu einem geschmeidigen Hefeteig kneten. Bei Bedarf noch etwas Mehl oder Sojamilch hinzufügen. An einem warmen Ort abgedeckt ca. 45 Minuten gehen lassen.

2. Den Teig auf der bemehlten Arbeitsfläche rechteckig ausrollen.

3. Für die Füllung die Margarine schmelzen und mit dem Agavendicksaft mischen. Den Teig damit bestreichen. Anschließend gründlich mit Zimt bestäuben.

4. Das Rechteck aufrollen und ca. 2cm dicke Scheiben abschneiden. Diese in jeweils ein Muffinförmchen legen und nochmals ca. 20 Minuten gehen lassen. Backen.

Umluft: 200°C ca. 12 min.
Ober- und Unterhitze: 210°C ca. 12 min

Die Zimtmuffins unter einem Handtuch abkühlen lassen.

Variationsmöglichkeiten: Betreuen Sie den Teig vor dem Aufrollen zusätzlich mit 200g Mandelstiften. Sie können statt Zimt und Agavendicksaft auch 200g grob gehackte Zartbitterschokolade oder Nussnougatcreme verwenden.

Schneller Schokoladenkuchen

Teig:

300g Mehl

250g Zucker

5 EL Kakaopulver

125g Zartbitterschokolade, gehackt (vegan z.B. von Rewe Bio oder Sarotti)

1 Päckchen Backpulver

350ml Sojamilch oder Milchersatz nach Belieben
4 EL Rum

130ml Öl

2 gestr. TL Johannisbrotkernmehl

Verzierung:

150g Zartbitterschokolade (vegan z.B. von Rewe Bio oder Sarotti)

2 EL Puderzucker

1 Tortenspitze

Und so geht's:

1. Für den Teig alle trockenen Zutaten in einer Schüssel mischen, dann Milchersatz, Rum und Öl zufügen und mit den Quirlen des Handrührgeräts zu einem geschmeidigen Rührteig schlagen.

2. Den Teig in eine mit Backpapier ausgelegte Springform füllen und backen.

Umluft: 175°C ca. 45 min.
Ober- und Unterhitze: 180°C ca. 45 min

Zum Verzieren die Schokolade schmelzen und den Kuchen damit bestreichen. Nach dem Trocknen die Tortenspitze auflegen (am besten eignet sich eine, die durchgehend Ausstanzungen hat – also auch in der Mitte). Mit Puderzucker bestäuben. So entsteht ein hübsches Spitzenmuster auf dem Kuchen.

Variationsmöglichkeiten: Backen Sie zur Abwechslung den Teig in schönen Tee- oder Kaffee-Tassen. Jeden Becher fetten und zu 2/3 mit Teig füllen. Ca. 25 Minuten backen und mit Puderzucker bestäuben. Direkt in der Tasse servieren.

Walnusszopf

Teig:

500g Mehl

290ml Haselnussmilch

100g Walnüsse, gemahlen

40g Hefe oder 1 Päckchen Trockenhefe

Füllung:

200g Marzipanrohmasse

200g Walnüsse, gemahlen

4 EL Agavendicksaft

½ Fläschchen Backaroma Bittermandel

Etwas Wasser

1 TL Vanillepuddingpulver

Und so geht's:

1. Für den Teig alle Zutaten auf Zimmertemperatur erwärmen und mindestens 10 Minuten lang zu einem geschmeidigen Hefeteig kneten. An einem warmen Ort abgedeckt ca. 45 Minuten gehen lassen.

2. Den Teig auf der bemehlten Arbeitsfläche rechteckig ausrollen.

3. Für die Füllung alle Zutaten zu einer dicken Creme verrühren und auf die Teigplatten streichen. Dabei einen Rand von ca. 1 cm freilassen.

4. Den Teig nun von der langen Seite her aufrollen. Mit einem scharfen Messer einmal der Länge nach halbieren. Nun die entstandenen Hälften mit der offenen Seite nach oben umeinander schlingen und die Enden fest zusammendrücken. Auf ein mit Backpapier belegtes Backblech legen und nochmals 15 Minuten gehen lassen, mit Wasser einpinseln und backen.

Umluft: 160°C ca. 45 min.
Ober- und Unterhitze: 170°C ca. 45 min

Den Zopf während den letzten 15 Minuten ab und zu mit Wasser einpinseln.

Variationsmöglichkeiten: Der Zopf wird ziemlich groß. Wenn Sie nicht so viel auf einmal essen, können Sie problemlos mehrere kleine Zöpfe backen und überschüssige direkt nach dem Backen einfrieren.

Orangen-Mandel-Zopf

Teig:

400g Vollkornmehl

200ml Mandelmilch

20g Hefe oder ½ Päckchen Trockenhefe

1 Prise Salz

Schale von ½ unbehandelten Orange

80g Margarine

Füllung:

200g Maripanrohmasse

200g Mandeln, gemahlen

1 gestr. EL Vanillepuddingpulver
2 EL Agavendicksaft

Saft von ½ Orange

Zum Verzieren:

50g Mandelblättchen
Etwas Wasser

Und so geht's:

1. Für den Teig zunächst einen Vorteig bereiten: Dazu das Mehl in eine Schüssel geben, eine Mulde hineindrücken und die Hefe in die Mulde geben. Mit einigen Löffeln lauwarmer Mandelmilch zu einem flüssigen Teig rühren und 20 Minuten abgedeckt gehen lassen.

2. Nun alle weiteren Zutaten auf Zimmertemperatur erwärmen und mindestens 10 Minuten lang mit dem Vorteig zu einem geschmeidigen Hefeteig kneten. An einem warmen Ort abgedeckt ca. 30 Minuten gehen lassen.

3. Den Teig auf der bemehlten Arbeitsplatte rechteckig ausrollen und in 3 gleich breite Streifen schneiden.

4. Für die Füllung alle Zutaten zu einer dicken Creme mischen.

5. Die Mandelmasse gleichmäßig auf die Teigstreifen streichen, dabei jeweils ca. 1cm Rand freilassen. Die Teigstreifen nun der Länge nach aufrollen, so dass drei gleich dicke, gefüllte Teigstränge entstehen.

6. Die Teigstränge zu einem Zopf flechten, die Enden fest-drücken und den Zopf auf ein Blech legen. Mit Wasser bestreichen und mit den Mandelblättchen bestreuen. Den Zopf nochmals ca. 20 Minuten gehen lassen, dann backen.

Umluft: 160°C ca. 40 min.
Ober- und Unterhitze: 170°C ca. 40 min

Variationsmöglichkeiten: Wer möchte, gibt noch etwas gemahlenen Kardamom oder Zimt in die Füllung. Besonders knackig wird der Zopf, wenn Sie zusätzlich 100g Mandelstifte anrösten und vor dem Aufrollen der Teigstränge auf die Füllung geben. Sie können statt Mandeln übrigens auch Haselnüsse oder gemahlene Walnüsse verwenden.

Wintergugelhupf

__Teig__:

300g Dinkelvollkornmehl

50g Haferflocken, zart

150g Weizenvollkornmehl

250g Sojaquark

250ml Sojamilch mit Vanillegeschmack

70g Margarine

3 EL Zucker

20g Hefe oder ½ Päckchen Trockenhefe

1 Prise Salz

1 TL Zimt

1 Messerspitze gemahlene Nelken

1 Messerspitze gemahlenen Kardamom

100g Rosinen

2 EL Rum

50g Orangeat

50g Zitronat

__Zum Verzieren__:

50g Margarine, geschmolzen

70g Puderzucker

Und so geht's:

1. Für den Teig zunächst einen Vorteig bereiten: Dazu das Mehl in eine Schüssel geben, mischen, eine Mulde hineindrücken und die Hefe in die Mulde geben. Mit einigen Löffel lauwarmer Sojamilch zu einem flüssigen Teig rühren und 20 Minuten abgedeckt gehen lassen.

2. Haferflocken, Quark, restliche Sojamilch, Margarine, Salz, Zucker, Zimt, Nelken und Kardamom hinzugeben und mindestens 10 Minuten lang zu einem cremigen Teig kneten. Zugedeckt ca. 45 Minuten gehen lassen.

3. Rosinen mit heißem Wasser abspülen und abtropfen lassen, mit Rum beträufeln und vollsaugen lassen. Die Rum-Rosinen mit Orangeat und Zitronat mischen und unter den Teig kneten. Den Teig in eine gut gefettete Gugelhupf-Form geben und nochmals ca. 35 Minuten gehen lassen. Backen.

Umluft: 170°C ca. 60 min.
Ober- und Unterhitze: 180°C ca. 60 min

Den Kuchen noch lauwarm mit der geschmolzenen Margarine bestreichen und dick mit Puderzucker bestäuben. Fest in Alufolie wickeln und mindestens einen Tag, besser 2-3 Tage, durchziehen lassen.

Variationsmöglichkeiten: Statt Zimt, Nelken und Kardamom können Sie auch einfach 1 ½ TL Glühweingewürz verwenden. Falls Sie Rosinen, Orangeat und Zitronat nicht mögen, ersetzen Sie es einfach mit derselben Menge Schokoladenstückchen oder grob gehackten Nüssen. Der Kuchen lässt sich auch einfach abwandeln, in dem Sie 2 EL Kakao mit in den Teig geben.

Nusskuchen Linzer Art

Teig:

200g Vollkornmehl

100g Haferflocken, zart

150g Haselnüsse gemahlen

120g Rohrzucker

½ Päckchen Backpulver

4 EL Wasser

200g Margarine, geschmolzen

1 Prise Salz

½ TL Zimt

1 Messerspitze Nelken, gemahlen

Zum Bestreichen:

150g Johannisbeer-Konfitüre

Zum Garnieren:

1 EL Puderzucker

Und so geht's:

1. Für den Teig zunächst alle trockenen Zutaten in einer Schüssel mischen, anschließend mit Wasser und der Margarine zu einem Mürbeteig verkneten. Bei Bedarf etwas Wasser oder Mehl hinzugeben, bis der Teig nicht mehr klebt, sich aber gut kneten lässt.

2. Den Boden einer mit Backpapier ausgelegten Springform mit ca. 2/3 des Teiges auslegen und einen ca. 1,5cm hohen Rand ziehen.

3. Die Konfitüre leicht erwärmen und auf den Teig geben.

4. Den restlichen Teig ausrollen und in Streifen schneiden. Diese kreuzförmig über den Kuchen legen, so dass ein Gitter entsteht. Backen.

Umluft: 180°C ca. 30 min.

Ober- und Unterhitze: 190°C ca. 30 min

Noch warm mit dem Puderzucker bestäuben

Variationsmöglichkeiten: Selbstverständlich können Sie jede Art von Konfitüre verwenden.

Knuspriger Mandelkuchen

Teig:

150g Weizenmehl

150g Vollkornmehl

1 EL Vanillepuddingpulver

1 Päckchen Vanillinzucker

200g Margarine

6 EL Agavendicksaft

2 EL Wasser

Füllung:

120g Puderzucker

1 Päckchen Vanillinzucker

3 EL Wasser

1 EL Agavendicksaft

200g Mandeln

Und so geht's:

1. Für den Teig zunächst alle trockenen Zutaten in einer Schüssel mischen, anschließend mit Margarine, Agavendicksaft und Wasser zu einem Mürbeteig verkneten. Bei Bedarf etwas Wasser oder Mehl hinzugeben, bis der Teig nicht mehr klebt, sich aber gut kneten lässt. Den Teig für mindestens eine Stunde kaltstellen.

2. Für die Füllung alle Zutaten in einem Topf erwärmen, aber nicht kochen. Abkühlen lassen.

3. Den Boden einer mit Backpapier ausgelegten Springform mit der Hälfte des Teiges auslegen und einen ca. 1,5cm hohen Rand ziehen. Die Mandelmasse auf dem Teigboden verteilen. Den Rest des Teiges ausrollen und als Deckel über die Füllung legen. Mit einer Gabel mehrmals einstechen und backen.

Umluft: 180°C ca. 35 min

Ober- und Unterhitze: 190°C ca. 35 min

Variationsmöglichkeiten: Die Mandelfüllung wird beim Backen sehr kross. Falls Sie es weicher mögen, mischen Sie zusätzlich 3 EL Margarine und 150g Marzipanrohmasse in die Füllung.

Festliche Nougat-Torte

Teig:

300g Vollkornmehl

300g Weizenmehl

360g Margarine

2 gestr. EL Speisestärke

200g Rohrzucker

1 Messerspitze reines Stevia-Pulver

50ml Orangensaft

Zum Bestreichen:

Etwas Wasser

300g Mandelblättchen

Füllung:

600g Nussnougatcreme (vegan, z.B. von Schneekoppe)

Zum Garnieren:

50g Mandelblättchen, geröstet

Und so geht's:

1. Für den Teig zunächst alle trockenen Zutaten in einer Schüssel mischen, anschließend mit Margarine und Orangensaft zu einem Mürbeteig verkneten. Bei Bedarf etwas Orangensaft oder Mehl hinzugeben, bis der Teig nicht mehr klebt, sich aber gut kneten lässt. Den Teig für mindestens eine Stunde kaltstellen.

2. Den Teig in sechs Teile Teilen und nacheinander ausrollen. Mit Hilfe einer Springform als Schablone in Kreise schneiden. Die Teigkreise jeweils auf ein mit Backpapier belegtes Backblech legen.

3. Die Teigkreise mit Wasser bestreichen, mit Mandeln bestreuen und diese vorsichtig festdrücken. Backen.

Umluft: 180°C ca. 12 min.
Ober- und Unterhitze: 190°C ca. 12 min

4. Die Kuchenkreise abkühlen lassen. In der Zwischenzeit die Nussnougatcreme erwärmen.

5. Verteilen Sie nun gut 2 EL der Nussnougatcreme auf dem ersten Teigboden. Den zweiten daraufsetzen und ebenfalls mit Nussnougatcreme bestreichen. Fahren Sie so fort, bis alle Böden verbraucht sind. Die Torte zum Schluss oben und rundum mit Nougatcreme bestreichen (ggf. müssen Sie diese zwischendurch erneut erwärmen, damit sie dünnflüssig genug bleibt).

6. Drücken Sie die Mandelblättchen für die Garnierung an den Rand der Torte, so dass er gut bedeckt ist.

Variationsmöglichkeiten: Statt Mandelblättchen können Sie selbstverständlich auch gehobelte Haselnüsse verwenden.

Punschtorte

Teig:

200g Mehl

70g Rohrzucker

1 Messerspitze reines Stevia-Pulver

Abgeriebene Schale von 1 Bio-Orange

2 EL Wasser

100g Margarine, geschmolzen

Füllung:

150ml Orangensaft

100ml Kirschsaft

1 Päckchen Vanillepuddingpulver

2 Beutel Glühweingewürz

Und so geht's:

1. Für den Teig zunächst alle trockenen Zutaten in einer Schüssel mischen, anschließend mit Wasser und Margarine zu einem Mürbeteig verkneten. Bei Bedarf etwas Wasser oder Mehl hinzugeben, bis der Teig nicht mehr klebt, sich aber gut kneten lässt. Den Teig für mindestens eine Stunde kaltstellen.

2. Den Teig ausrollen und in eine gefettete Tarte-Form legen, leicht andrücken und Überschüsse mit einem scharfen Messer abschneiden. Mit einer Gabel mehrmals einstechen und vorbacken.

Umluft: 190°C ca. 20 min.
Ober- und Unterhitze: 200°C ca. 20 min

3. Für die Füllung zunächst einige EL Saft abnehmen und mit dem Vanillepuddingpulver anrühren. Den restlichen Saft erhitzen und das Glühweingewürz hineinhängen. Abdecken und 5 - 10 Minuten ziehen lassen.

4. Den Saft noch einmal aufkochen, das angerührte Vanillepuddingpulver einrühren und unter Rühren aufkochen lassen. Vom Herd nehmen und etwas abkühlen lassen. Dann auf dem vorgebackenen Boden verteilen. Erneut backen.

Umluft: 190°C ca. 15 min.
Ober- und Unterhitze: 200°C ca. 15 min

Würziges Bananenbrot

Teig:
2 Bananen, sehr reif
30g Leinsamen, geschrotet
200g Weizenvollkornmehl
100g Haferflocken, zart
150g Margarine
175g brauner Zucker
100ml Kokosmilch
½ Päckchen Backpulver
50g Walnusskerne, gehackt
1 EL Vanillepuddingpulver
1 TL Zimt
½ TL Nelken, gemahlen

Zum Garnieren:
2 EL Puderzucker

Und so geht's:
1. Für den Teig zunächst die Bananen schälen und mit einer Gabel zerdrücken.

2. Anschließend alle Zutaten mit den Quirlen des Handrührgerätes zu einem schaumigen Rührteig aufschlagen.

3. In eine mit Backpapier ausgelegte Kastenform füllen und backen

Umluft: 160°C ca. 45 – 55 min
Ober- und Unterhitze: 180°C ca. 45 – 55 min

Bitte unbedingt eine Garprobe machen, da der Reifegrad der Bananen die Backzeit beeinflusst. Nach dem Backen mit Puderzucker bestäuben.

Kleines Extra: Auszug aus „Vegane Mug Cakes“

Zunächst einmal: Herzlichen Dank fürs Lesen dieses Buches. Als kleines Dankeschön möchte ich Sie herzlich einladen, meine Webseite zu besuchen. Dort finden Sie **kostenlose** Tutorials, Downloads, Leseproben, Rezepte usw.: http://wunder-kueche.de

Zusätzlich möchte ich einige Rezepte aus meinem Buch „Vegane Mug Cakes“ mit Ihnen teilen. Mug Cakes sind derzeit ein großer Trend. Es handelt sich dabei um kleine Kuchen oder extravagante Törtchen für eine Person, die direkt in einer Tasse zubereitet und in der Mikrowelle gebacken werden. In nur 5 bis 10 Minuten zaubern so selbst Back-Laien leckere, 100% selbstgemachte Minikuchen.

Vanille Mug Cake

(für eine Tasse, 350ml Inhalt)

Teig:

2 EL Mineralwasser
1 gestr. EL Vanillepuddingpulver
2 EL Öl
4 gestr. EL Zucker
¼ Teel. Backpulver
6 gestr. EL Mehl
½ Teel. Vanillinzucker

Und so geht's:

1. Vanillepuddingpulver mit dem Mineralwasser glattrühren.

2. Öl zufügen und verquirlen. Am besten funktioniert das mit einem Milchaufschäumer oder einem kleinen Schneebesen.

3. Zucker, Backpulver, Mehl und Vanillinzucker zufügen, gut verrühren und in der Mikrowelle bei 800 Watt 1:50 Minuten backen.

Nach dem Backen nach Belieben mit Puderzucker bestäuben und noch warm servieren.

Mon Chéri Mug Cake

(für eine Tasse, 350ml Inhalt)

Teig:

2 EL Mineralwasser
1 gestr. EL Vanillepuddingpulver
2 EL Öl
4 gestr. EL Zucker
¼ Teel. Backpulver
6 gestr. EL Mehl
½ Teel. Vanillinzucker
1 gestr. EL Kakaopulver
3 „Mon Chéri“ Pralinen

Und so geht’s:

1. Vanillepuddingpulver mit dem Mineralwasser glattrühren.

2. Öl zufügen und verquirlen. Am besten funktioniert das mit einem Milchaufschäumer oder einem kleinen Schneebesen.

3. Zucker, Backpulver, Mehl, Kakao und Vanillinzucker zufügen, gut verrühren.

4. Die Mon Chéri auf den Teig legen und eindrücken. In der Mikrowelle bei 800 Watt 2:00 Minuten backen.

Nach dem Backen nach Belieben mit Puderzucker bestäuben und noch warm servieren.

Soft Chocolate Mug Cake

(für eine Tasse, 350ml Inhalt)

Teig:
2 EL Mineralwasser
1 gestr. EL Vanillepuddingpulver
2 EL Öl
4 gestr. EL Zucker
¼ Teel. Backpulver
6 gestr. EL Mehl
½ Teel. Vanillinzucker
1,5 gestr. EL Kakaopulver
½ sehr reife Banane (alternativ: 2 EL Apfelmus)
2 EL gehackte Zartbitterschokolade (vegan z.B. von Rewe Bio oder Sarotti)

Und so geht's:

1. Die Banane zu Mus zerdrücken bzw. das Apfelmus in die Tasse geben. Mit Vanillepuddingpulver und Mineralwasser verrühren.

2. Öl zufügen und verquirlen. Am besten funktioniert das mit einem Milchaufschäumer oder einem kleinen Schneebesen.

3. Zucker, Backpulver, Mehl, Kakao und Vanillinzucker zufügen, gut verrühren. Gehackte Schokolade unterziehen und in der Mikrowelle bei 800 Watt 1:50 Minuten backen.

Tipp: Sie können statt der Zartbitterschokolade auch vegane weiße Schokolade oder 2 EL grob gehackte Walnüsse verwenden – ebenfalls sehr lecker! Nach dem Backen nach Belieben mit Puderzucker oder Kakaopulver bestäuben und noch warm servieren.

Apfel-Zimt Mug Cake mit Mandelsplittern

(für eine Tasse, 350ml Inhalt)

Teig:
2 EL Mineralwasser
1 gestr. EL Vanillepuddingpulver
2 EL Öl
4 gestr. EL Zucker
¼ Teel. Backpulver
6 gestr. EL Mehl
½ Teel. Vanillinzucker
¼ Apfel
¼ Teel. Zimt
1 EL Mandelsplitter
1 Spritzer Zitronensaft

Und so geht's:

1. Den Apfel schälen, entkernen und in feine Würfel schneiden. Mit Zitronensaft, Mandeln und Zimt mischen.

2. Vanillepuddingpulver mit dem Mineralwasser glattrühren.

3. Öl zufügen und verquirlen. Am besten funktioniert das mit einem Milchaufschäumer oder einem kleinen Schneebesen.

4. Zucker, Backpulver, Mehl, und Vanillinzucker zufügen, gut verrühren. Die Hälfte der Apfel-Mandel-Mischung unterziehen und den Rest auf dem Teig verteilen. In der Mikrowelle bei 800 Watt 2:00 Minuten backen.

Nach dem Backen nach Belieben mit Puderzucker bestäuben und noch warm servieren.

Brombeer-Limetten Mug Cake

(für eine Tasse, 350ml Inhalt)

Teig:

2 EL Mineralwasser
1 gestr. EL Vanillepuddingpulver
2 EL Öl
4 gestr. EL Zucker
¼ Teel. Backpulver
6 gestr. EL Mehl
½ Teel. Vanillinzucker
½ Teel. abgeriebene Schale von einer Bio-Limette
1 Teel. Limettensaft
6 – 8 Brombeeren

Und so geht's:

1. Vanillepuddingpulver mit dem Mineralwasser glattrühren.

2. Limettensaft und Öl zufügen und verquirlen. Am besten funktioniert das mit einem Milchaufschäumer oder einem kleinen Schneebesen.

3. Zucker, Backpulver, Mehl, Vanillinzucker und Limettenschale zufügen, gut verrühren. Die Brombeeren vorsichtig unterheben und in der Mikrowelle bei 800 Watt 2:00 Minuten backen.

Tipp: Schmeckt auch mit Himbeeren oder Kirschen.
Nach dem Backen nach Belieben mit Puderzucker bestäuben und mit einigen Brombeeren belegen. Noch warm servieren.

Cranberry Mug Cake

(für eine Tasse, 350ml Inhalt)

Teig:

1 EL Orangensaft
1,5 EL getrocknete Cranberries

2 EL Mineralwasser
1 gestr. EL Vanillepuddingpulver
2 EL Öl
4 gestr. EL Zucker
¼ Teel. Backpulver
6 gestr. EL Mehl
½ Teel. Vanillinzucker

Und so geht's:

1. Cranberries in die Tasse geben und mit dem Orangensaft mischen, einige Minuten durchziehen lassen.

2. Öl und Mineralwasser zufügen und verrühren.

3. Zucker, Backpulver, Mehl, Vanillinzucker und Vanillepuddingpulver zufügen, gut verrühren und in der Mikrowelle bei 800 Watt 1:50 Minuten backen.

Tipp: Schmeckt auch toll, wenn Sie die getrockneten Cranberries durch getrocknete Sauerkirschen ersetzen.

Nach dem Backen nach Belieben mit feingehackter weißer Schokolade (vegan, z.B. „Schakalode“) bestreuen und diese auf dem Kuchen leicht schmelzen lassen. Noch warm servieren.

Praliné Mug Cake

(für eine Tasse, 350ml Inhalt)

Teig:

1 großer EL Nussnougat-Creme (vegan, z.B. „Chocoreale bio Praliné“ oder „Chocoreale bio Haselnuss“)

3 EL Mineralwasser
1 gestr. EL Vanillepuddingpulver
4 gestr. EL Zucker
¼ Teel. Backpulver
6 gestr. EL Mehl
½ Teel. Vanillinzucker
1 gestr. EL gemahlene Haselnüsse

Und so geht's:

1. Nussnougat-Creme in die Tasse geben, kurz in der Mikrowelle schmelzen.

2. Vanillepuddingpulver und Mineralwasser zufügen und verquirlen. Am besten funktioniert das mit einem Milchaufschäumer oder einem kleinen Schneebesen.

3. Zucker, Backpulver, Mehl, Haselnüsse und Vanillinzucker zufügen, gut verrühren. In der Mikrowelle bei 800 Watt 2:00 Minuten backen.

Nach dem Backen nach Belieben mit Nussnougat-Creme bestreichen und noch warm servieren.

Chocolate Cherry Mug Cake

(für eine Tasse, 350ml Inhalt)

<u>Teig:</u>

3 EL Mineralwasser
1 gestr. EL Vanillepuddingpulver
2 EL Öl
4 gestr. EL Zucker
¼ Teel. Backpulver
6 gestr. EL Mehl
1 gestr. EL Kakaopulver
6-8 Sauerkirschen, entsteint (aus dem Glas, frisch oder tiefgefroren)

<u>Und so geht's:</u>

1. Vanillepuddingpulver mit dem Mineralwasser glattrühren.

2. Öl zufügen und verquirlen. Am besten funktioniert das mit einem Milchaufschäumer oder einem kleinen Schneebesen.

3. Zucker, Backpulver, Mehl und Kakao zufügen, gut verrühren. Sauerkirschen unterziehen und in der Mikrowelle bei 800 Watt 2:00 Minuten backen.

Nach dem Backen nach Belieben mit Puderzucker bestäuben und noch warm servieren.

Erdnuss Mug Cake mit Sesam-Karamell

(für eine Tasse, 350ml Inhalt)

Teig:

1 großer EL Erdnussbutter

2 EL Mineralwasser
1 gestr. EL Vanillepuddingpulver
4 gestr. EL Zucker
¼ Teel. Backpulver
6 gestr. EL Mehl
½ Teel. Vanillinzucker

½ Sesamriegel, z.B. „Rossmann enerBIO Sesam-Krokant-Riegel", grob zerstoßen

Und so geht's:

1. Die Erdnussbutter in die Tasse geben und in der Mikrowelle kurz erwärmen.

2. Vanillepuddingpulver mit dem Mineralwasser dazugeben und glattrühren. Am besten funktioniert das mit einem Milchaufschäumer oder einem kleinen Schneebesen.

3. Backpulver, Mehl, die Sesamriegel-Krümel und Vanillinzucker zufügen, gut verrühren und in der Mikrowelle bei 800 Watt 1:50 Minuten backen.

Nach dem Backen nach Belieben mit Puderzucker bestäuben und noch warm servieren.

Cappuccino Mug Cake

(für eine Tasse, 350ml Inhalt)

Teig:

3 EL Sojamilch oder anderen Milchersatz nach Belieben

1 Teel. Instant-Espressopulver
2 EL Öl
4 gestr. EL Zucker
¼ Teel. Backpulver
6 gestr. EL Mehl
1 gestr. EL Vanillepuddingpulver
½ Teel. Vanillinzucker

Und so geht's:

1. Milchersatz in der Mikrowelle erwärmen, das Instant-Espressopulver darin auflösen.

2. Öl zufügen und verquirlen. Am besten funktioniert das mit einem Milchaufschäumer oder einem kleinen Schneebesen.

3Zucker, Backpulver, Mehl, Vanillepuddingpulver und Vanillinzucker z ufügen, gut verrühren und in der Mikrowelle bei 800 Watt 1:50 Minuten backen.

Nach dem Backen nach Belieben mit Kakaopulver bestäuben und noch warm servieren.

Zum Schluss

Wir hoffen, Ihnen hat dieses Buch gefallen und Sie konnten hilfreiche Impulse mitnehmen. Falls dem so ist, freuen wir uns über eine kurze Bewertung in den Rezensionen bei Amazon. Natürlich freuen wir uns auch über Verbesserungsvorschläge. Beides hilft dabei, dieses Buch weiterhin zu verbessern und dank Ihres Feedbacks zu erweitern. **Also bitte: Hinterlassen Sie eine kurze Bewertung auf Amazon.de. Wenn Ihnen dieses Buch besonders gefallen hat, empfehlen Sie es doch auch Ihren Freunden!**

Anhang, Rechtliches und Impressum

Impressum

Aléna Ènn wird vertreten durch:
Anne Jost
Friedberger Str. 55
61191 Rosbach
info@wunder-kueche.de
Bildnachweis:
Titelfoto: ©egal via bigstockphoto.com

Printed in Poland
by Amazon Fulfillment
Poland Sp. z o.o., Wrocław

51233217R00058